BEI GRIN MACHT SICI
WISSEN BEZAHLT

- Wir veröffentlichen Ihre Hausarbeit,
  Bachelor- und Masterarbeit

- Ihr eigenes eBook und Buch -
  weltweit in allen wichtigen Shops

- Verdienen Sie an jedem Verkauf

Jetzt bei www.GRIN.com hochladen
und kostenlos publizieren

Bibliografische Information der Deutschen Nationalbibliothek:

Die Deutsche Bibliothek verzeichnet diese Publikation in der Deutschen National-bibliografie; detaillierte bibliografische Daten sind im Internet über http://dnb.d-nb.de/ abrufbar.

Impressum:

Copyright © 2019 GRIN Verlag
Druck und Bindung: Books on Demand GmbH, Norderstedt Germany
ISBN: 9783346083548

Dieses Buch bei GRIN:

https://www.grin.com/document/508769

Ann-Kathrin Wehrhahn

Der Bremsvorgang ohne ABS. Simulation mit MATLAB Simulink

GRIN Verlag

GRIN - Your knowledge has value

Der GRIN Verlag publiziert seit 1998 wissenschaftliche Arbeiten von Studenten, Hochschullehrern und anderen Akademikern als eBook und gedrucktes Buch. Die Verlagswebsite www.grin.com ist die ideale Plattform zur Veröffentlichung von Hausarbeiten, Abschlussarbeiten, wissenschaftlichen Aufsätzen, Dissertationen und Fachbüchern.

Besuchen Sie uns im Internet:

http://www.grin.com/

http://www.facebook.com/grincom

http://www.twitter.com/grin_com

AKAD University Stuttgart

Wirtschaftsingenieurwesen - Master of Engineering (M.

Eng.)

Der Bremsvorgang ohne ABS –

Simulation mit Matlab Simulink

von

Ann-Kathrin Wehrhahn

Eberstadt, der 22.10.2019

I Inhaltsverzeichnis

II Abkürzungsverzeichnis

ABS   Anti-Blockier-System

BSB   Blockschaltbild

PKW   Personenkraftwagen

III Abbildungsverzeichnis

IV Tabellenverzeichnis

V Formelverzeichnis

VI Symbolverzeichnis

A	Stirnfläche	m^2
c	Koeffizient für die Reibwertberechnung	
c_w	Luftwiderstandsbeiwert	
F_N	Normalkraft	Nm
F_R	Reibungskraft	Nm
g	Erdbeschleunigung	m/s^2
JR	Massenträgheitsmoment Reifen	kgm^3
m	Fahrzeugmasse	kg
MB	Bremsmoment	
r_{dyn}	dynamische Reifenradius	m
r_R	Reifenradius	m
v	Geschwindigkeit	m/s oder km/h
v_F	Fahrzeuggeschwindigkeit	m/s oder km/h
$v_{F,0}$	Anfangsgeschwindigkeit	m/s oder km/h
v_R	Radgeschwindigkeit	m/s oder km/h
λ	Schlupf	
μ	Reibungskoeffizient	
ρ	Luftdichte	kg/m^3
φ''_R	Winkelbeschleunigung des Rades	
φ'_R	Winkelgeschwindigkeit des Rades	
φ_R	Drehwinkel des Rades	
ω	Radwinkelgeschwindigkeit	
ω_R	Winkelgeschwindigkeit des Rades	

1 Einleitung

1.1 Hintergrund

„Tempolimit auf Autobahnen?"[1], Diskussionen rund um die Einführung eines Tempolimits gibt es in Deutschland immer wieder. Aus Sicht des ADAC Deutschlands verbessert ein generelles Tempolimit weder den Klimaschutz, noch dient es der Verkehrssicherheit.[2]

Die Population der Fahrzeuge hat sich in Deutschland kontinuierlich erhöht. Dies wird in Abbildung 1 dargestellt.

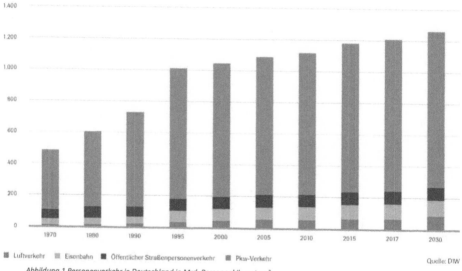

■ Luftverkehr ■ Eisenbahn ■ Öffentlicher Straßenpersonenverkehr ■ Pkw-Verkehr   Quelle: DIW

Abbildung 1 Personenverkehr in Deutschland in Mrd. Personenkilometern[3]

Trotz dem steigenden Personenverkehr sind die statistischen Zahlen zu Opfern im Straßenverkehr seit Beginn der Aufzeichnungen dieser Werte stark rückläufig. Vor 100 Jahren war das Risiko an einem Verkehrsunfall zu sterben viel höher als heute.[4] Die rückläufigen Verkehrstote in Deutschland sind in Abbildung 2 dargestellt.

---

[1] Vgl. ADAC (2019), online im Internet.
[2] Vgl. ebd.
[3] Verband der Automobilindustrie (o.J.), online im Internet.
[4] Vgl. Statistisches Bundesamt, Wiesbaden (o.J.), online im Internet.

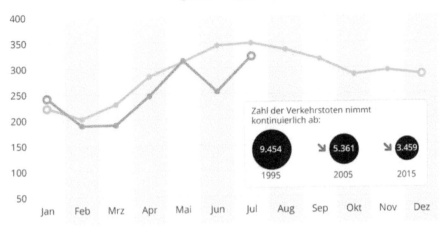

Abbildung 2 Weniger Verkehrstote in Deutschland - Anzahl der Verkehrstoten im Straßenverkehr[5]

Anhand der Zahlen aus Abbildung 1 und 2 lässt sich klar ableiten, dass die Sicherheit auf Deutschlands Straßen in den letzten Jahren spürbar zugenommen hat. Gründe hierfür können der technische Fortschritt, wie der Insassenschutz, Fahrerassistenzsysteme, oder ein erhöhtes Sicherheitsdenken der Menschen sein[6].

Eine Schlüsselstellung beim Thema „sicheres Fahren" nimmt der Bremsvorgang ein. Hintergrund ist, dass in allen Fällen eines Unfalls mindestens ein Fahrzeug nicht rechtzeitig zum Stehen kam. Unabhängig, ob es bei einem Unfall nur einen Beteiligten oder mehrere gibt.

Moderne Personenkraftwagen (PKW) sind teilweise deutlich schwerer als ihre Vorgängermodelle. Dies ist Großteils den sicherheitsrelevanten Komponenten, wie z.B. dem Anti-Blockier-System oder den Airbags, aber auch leistungsfähigeren und größeren Motoren geschuldet.[7] Rund um die Fahrsicherheit spielt die kinetische Energie eines fahrenden PKWs eine große Rolle[8]. Die kinetische Energie ist das Produkt seiner Masse und Geschwindigkeit.[9] Das Auto muss im Extremfall sehr schnell komplett abgebremst werden und gleichzeitig darf das Auto, damit der Fahrer die Kontrolle über das Fahrzeug behält, seinen Grip nicht verlieren. Dabei muss die gesamte Energie optimal genutzt werden.

---

[5] Statistisches Bundesamt (o.J.), online im Internet.
[6] Vgl. Deutscher Verkehrssicherheitsrat (2015), online im Internet.
[7] Vgl. Autobild (2012), online im Internet.
[8] Vgl. Ebel/Hofer (2014), S. 323.
[9] Vgl. Prell (2014), S. 97.

1.2 Zielsetzung

Finalziel ist die Beschreibung des Einflusses der Anfangsgeschwindigkeit und der Fahrzeugmasse im dynamischen Bremsvorgang und die Ableitung von Schlussfolgerungen über die Fahrsicherheit. Besonderes Augenmerk wird auf die blockierenden Räder gelegt. Modalziele stellen hierbei die mathematische Beschreibung der physikalischen Hintergründe und die Veranschaulichung mittels Simulation. Bei der Simulation erfolgt die notwendige Aufstellung der Differentialgleichungen und die Ausarbeitung des notwendigen Blockschaltbildes (BSB) in der Software Matlab-Simulink. Bei der Arbeit wird auf Ergebnisse und Prämissen von H. Scherf zurückgegriffen[10].

1.3 Aufbau der Arbeit

In Kapitel zwei erfolgt, nach dem einleitenden Kapitel eins, eine Annäherung an das zu untersuchende Thema durch die Definition der relevanten Begriffe. Darauf folgt in Kapitel drei die Erörterung des zu untersuchenden Modells Bremsvorgang eines PKW ohne Anti-Blockier-System (ABS) inkl. seiner physikalischen Gesetzmäßigkeiten. Die genauere Analyse dient der Aufstellung der notwendigen Gleichungen, die im zu erstellenden BSB in Simulink berücksichtigt werden. Im vierten Kapitel werden diese Erkenntnisse genutzt, um den Bremsvorgang mit unterschiedlichen Massen und Geschwindigkeiten zu simulieren. Die Ergebnisse werden graphisch dargestellt und diskutiert. Zuletzt wird die Arbeit zusammengefasst und einer kritischen Würdigung unterzogen.

---

[10] Vgl. Scherf (2010), S. 24ff.

2 Grundlagen: Bremsvorgang und „sicheres Fahren"

2.1 Systemterminologie

Rein von der Terminologie gilt es zwischen dem realen System, dem Simulationsmodell (nur noch Modell fortan) und dem Vorgang der Simulation zu unterscheiden. Ein System ist „eine räumlich abgeschlossene, logisch zusammengehörende und zeitlich begrenzte Einheit, die voneinander abhängende Komponenten umfasst."[11] Anschließend wird das reale System in ein Modell überführt. Das Modell ist ein „abstraktes und beschränktes Abbild der Realität [darstellt]. Abstrakt bedeutet dabei, dass ein Modell die Realität nur annähert und Zusammenhänge vereinfacht und damit „beschränkt" wiedergibt. Da Abläufe in der Realität beliebig komplex sind, ist es notwendig, sie durch ein Modell zu beschreiben, um sie"[12] mittels Simulation zu untersuchen. „Simulation ist das Nachbilden eines Systems mit seinen dynamischen Prozessen in einem experimentierfähigen Modell, um zu Erkenntnissen zu gelangen, die auf die Wirklichkeit übertragbar sind."[13] Niedrigere Kosten im Vergleich zu realen Experimenten, die zeitliche Flexibilität oder die nicht mehr vorhandene Gefahr, dass das reale System durch das Experiment zerstört wird, sind offensichtliche Vorteile von computergestützter Simulation.[14]

2.2 Latsch und Schlupf

Der Latsch ist die Radaufstandsfläche und ist der Teil des Reifens, der direkt mit der Straße Kontakt hält. Hier wirken folglich die Kräfte, wodurch der Latsch essenziell für den Grip beim Fahren ist.[15]

In der Mechanik bezeichnet der Schlupf im Allgemeinen differierende Geschwindigkeiten von miteinander im Reibkontakt stehenden mechanischen Elementen, wie z.B. Fahrzeug- und Radgeschwindigkeit.[16]

---

[11] Vgl. Kowalk (1996), S. 27.
[12] Vgl. Tichy (o.J.), S. 6.
[13] Vgl. Verein Deutscher Ingenieure (2016): VDI-Richtlinie 3633.
[14] Vgl. Bossel (2004), S. 15 f.
[15] Vgl. Breuer/Bill (2003), S. 29.
[16] Vgl. Breuer/Bill (2003), S. 15.

2.3 Bremsvorgang eines Fahrzeugs ohne ABS

Im Rahmen dieser Arbeit wird bei einem Bremsvorgang von einer Verzögerungsbremsung gesprochen. Eine Verzögerungsbremsung ist eine Verringerung der Geschwindigkeit bis zum Stillstand des Fahrzeugs. Hierfür muss die Betriebsbremsanlage betätigt werden, wodurch durch Reibungsbremsen die Räder abgebremst werden.[17] Zwischen dem Reifen, dem Latsch, und der Fahrbahn werden Reibungskräfte übertragen.[18] Beim Bremsen tritt ein Blockieren auf, wenn die am Rad wirkenden Verzögerungskräfte die Haftgrenze zwischen Reifen und Fahrbahn überschreiten. Es kommt zu einem Gleiten zwischen Reifen und Fahrbahn, dem so genannten Schlupf.[19]

Folgende Definition hat sich für den Umfangschlupf eines Bremsvorgangs etabliert. Es können positive Zahlenwerte zwischen 0 und 1 (bzw. 0 bis 100 %) für den Bereich von „frei rollend" bis „blockiert" erreicht werden. Die Definition wird in **Fehler! Verweisquelle konnte nicht gefunden werden.** dargestellt, wobei r_{dyn} der dynamische Reifenradius, ω die Radwinkelgeschwindigkeit und v die Fahrzeuggeschwindigkeit ist.

$$\lambda = \frac{v - r_{dyn} * \omega_R}{v}$$

Formel 1 Berechnung des Schlupfes[20]

Eingeleitet wird das Bremsmoment über die Bremsscheiben. Dadurch wird eine Verzögerung und damit eine vom Schlupf abhängige Reibungskraft bewirkt. Aufgrund des Nickmoments des Fahrzeugs, das beim Bremsen entsteht, ist die Reibungskraft an den Vorderrädern größer als an den Hinterrädern und damit letztlich für die Verzögerung des Fahrzeugs verantwortlich.

2.4 „Sicheres Fahren"

Für „sicheres Fahren" gibt es keine allgemeingültige Definition. Gemäß der Berufsgenossenschaft Verkehrswirtschaft Post-Logistik (BG Verkehr) sind Punkte, wie Sicherheitsgurt, geeignetes Schuhwerk, Abstand und angepasste Geschwindigkeit, Ablenkung und fahrfremde Tätigkeiten, Fahrsicherheitstrainings und Fahrer-Assistenz-Systeme, worunter auch das ABS fällt, wichtig für ein „sicheres Fahren".[21]

---

[17] Vgl. Mitschke/Wallentowitz (2014), S. 211.
[18] Vgl. Wallentowitz/Reif (2011), S. 176.
[19] Vgl. Breuer/Bill (2004), S. 11.
[20] Vgl. Scherf (2010), S. 25.
[21] Vgl. BG Verkehr (2019), online im Internet.

3 Systemidentifikation und Forschungsdesign „Bremsvorgang ohne ABS"

3.1 Beschreibung des Anwendungsbeispiels

Im Rahmen dieser Arbeit wird auf die Vorarbeiten von H. Scherf teilweise zurückgegriffen. Diese geben den Rahmen und die Struktur dieser Ausarbeitung vor und dienen als „Blauphase" für die Simulationsdurchläufe.

In Abbildung 3 wird ein Auto gezeigt, das aus der Geschwindigkeit $v_{F,0}$ durch einen Bremsvorgang bis zum Stillstand abgebremst wird. Die Reibungskraft $F_{R,V}$ wirkt am Latsch der Vorderreifen und an den Hinterreifen wirkt die Reibungskraft $F_{R,H}$. Infolge des Nickmoments, welches durch die Verzögerung entsteht, ist $F_{R,H}$ kleiner als $F_{R,V}$. Über die Bremsscheiben wird das Bremsmoment eingeleitet, die eine Verzögerung der Winkelgeschwindigkeit der Räder bewirken. Im Latsch entsteht dadurch ein Schlupf und eine vom Schlupf abhängige Reibungskraft, die für die Fahrzeugverzögerung verantwortlich ist.[22]

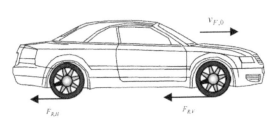

$v_{F,0}$ Anfangsgeschwindigkeit
$F_{R,V}$ Reibungskraft an Vorderreifen
$F_{R,H}$ Reibungskraft an Hinterreifen

Abbildung 3 Bremsvorgang eines PKW[23]

In der nachfolgenden Liste sind die definierten Systemparameter aufgelistet. Anfangsgeschwindigkeit und Fahrzeugmasse werden bei den Simulationen teilweise variiert.[24]

Anfangsgeschwindigkeit	$v_{F,0} = 100$ km/h
Fahrzeugmasse	$m = 1500$ kg
Reifenradius	$r_R = 0,3$ m
Massenträgheitsmoment Reifen	$J_R = 0,8$ kgm^3
Stirnfläche	$A = 2$ m^2

---

[22] Vgl. Scherf (2010), S. 24.
[23] Vgl. ebd.
[24] Vgl. ebd.

Luftwiderstandsbeiwert	$c_W = 0,3$
Luftdichte	$\rho = 1,2\ kg/m^3$
Erdbeschleunigung	$G = 9,81\ m/s^2$

Koeffizient für die Reibwertberechnung $c_1 = 0,86$

3.2 Darstellung der Bewegungsgleichungen

Bei der Erarbeitung der relevanten Differentialgleichungen werden die Räder und der PKW separat untersucht. In Abbildung 4 wird ein freigeschnittenes Rad inkl. der wirkenden Kräfte, den Drehmomenten und dem Drehwinkel ϕ_R des Rades gezeigt. Der Drehwinkel des Rades ist gleichzeitig die Koordinate zur Beschreibung der Raddrehbewegung. Exemplarisch wird die Verzögerung für alle vier Räder nur an einem Rad beschrieben.[25]

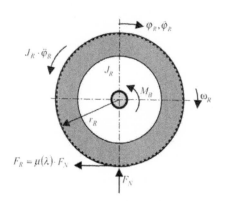

φ_R	Drehwinkel des Rades
φ'_R	Winkelgeschwindigkeit des Rades
ω_R	Winkelgeschwindigkeit des Rades
φ''_R	Winkelbeschleunigung des Rades
J_R	Massenträgheitsmoment Reifen
r_B	Reifenradius
M_B	Bremsmoment
F_R	Reibungskraft
μ	Reibungskoeffizient
F_N	Normalkraft

Abbildung 4 Freigeschnittenes Rad[26]

Nach rechts ist die positive Richtung der Bewegung abgebildet. Das Produkt aus dem Radradius r_R und der Winkelgeschwindigkeit ω_R ist die Radgeschwindigkeit v_R. Die Bewegungsgleichung des Rades resultiert aus dem Momentengleichgewicht um den Radmittelpunkt, wie in Formel 2 dargestellt.[27]

---

[25] Vgl. Scherf (2010), S. 25.
[26] Vgl. ebd.
[27] Vgl. ebd.

$$J_R * \varphi''_R = M_R - M_B$$
$$= F_R * r_R - M_B$$

Formel 2 Bewegungsgleichung des Rades[28]

Auf der linken Seite ist das d'Alembertsche Trägheitsmoment, das entgegen der positiv gewählten Richtung eingetragen ist, abgebildet. Die rechte Seite setzt sich aus der Differenz zwischen dem Drehmoment M_R und dem Bremsmoment M_B zusammen. Der Drehmoment M_R resultiert aus der im Latsch entstehenden Reibungskraft F_R, die das Fahrzeug verzögert und über den Radradius r_R wirkt. Dieser Moment treibt das Rad an. Das Produkt des Reibungskoeffizienten μ und der Normalkraft F_N ergibt die Reibungskraft, wie in Formel 3 dargestellt.[29]

$$F_R = \mu * F_N$$

Formel 3 Berechnung Reibungskraft[30]

Die Normalkraft ist aufgrund des beschriebenen Nickmomentes höher als die Gewichtskraft m*g. Der Schlupf λ, von welchem der Reibungskoeffizient μ abhängt, ist über die Formel 4 definiert.[31]

$$\lambda = \frac{v_F - v_R}{v_F}$$
$$= \frac{v_F - (r_R * \omega_R)}{v_F}$$

Formel 4 Berechnung Schlupf[32]

Sind die Rad- und die Fahrzeuggeschwindigkeit gleich, so ist der Schlupf λ gleich 0. Das Rad rollt frei. Ein Schlupf λ gleich 1 impliziert ein blockiertes Rad. Die Abhängigkeit des Reibungskoeffizienten vom Schlupf auf trockenem Asphalt beschreibt beispielsweise folgende Formel 5.[33]

$$\mu(\lambda) = c_1\left(1 - e^{-c_2\lambda}\right) - c_3 * \lambda$$

Formel 5 Abhängigkeit des Reibungskoeffizienten vom Schlupf[34]

---

[28] Vgl. Scherf (2010), S. 25.
[29] Vgl. ebd.
[30] Vgl. ebd.
[31] Vgl. ebd.
[32] Vgl. ebd.
[33] Vgl. ebd.
[34] Vgl. ebd.

In Abbildung 5 wird das Fahrzeug freigeschnitten. Der Weg x_F ist die Koordinate zur Beschreibung der Fahrzeugbewegung. Die Reibungskraft F_R wirkt der Bewegung entgegen und fasst die Reibungskräfte aller Räder zusammen. In die negative Richtung wirkt ebenfalls der Luftwiderstand F_L und die d'Alembertsche Trägheitskraft.[35]

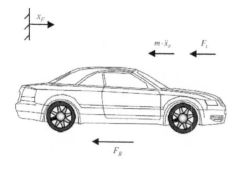

x_F	Zurückgelegter Weg
mx''_F	d'Alembertsche Trägheitskraft
F_L	Luftwiderstand
F_R	Gesamte Reibungskraft

Abbildung 5 Freigeschnittener PKW[36]

Die Bewegungsgleichung des PKW lautet zusammenfassend, wie in Formel 6 dargestellt. Sie resultiert aus dem Kräftegleichgewicht.

$$m * x''_F = -F_R - F_L$$
$$= -\mu(\lambda) * F_N - c_w * A * \frac{\rho}{2} * v_F^2$$

Formel 6 Bewegungsgleichung des PKW[37]

3.3 Aufstellung und Beschreibung des Blockschaltbilds mit Matlab-Simulink

In Abbildung 6 ist das BSB in Simulink dargestellt. Die vorher definierten Formeln werden hierbei berücksichtigt.

---

[35] Vgl. Scherf (2010), S. 26.
[36] Vgl. ebd.
[37] Vgl. ebd.

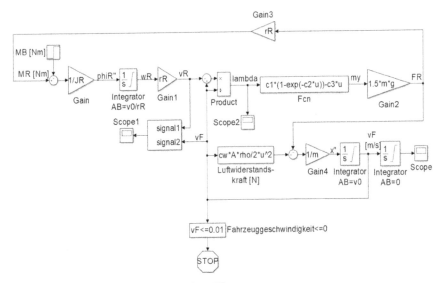

Abbildung 6 Blockschaltbild für den Bremsvorgang ohne ABS[38]

Die Winkelbeschleunigung [ϕ''_R] des Rades wird mit dem Block *Gain* und der linken Summationsstelle berechnet. Die Winkelgeschwindigkeit des Rades [ω_R] erhält man durch die Integration im Block *Integrator*. Die Anfangsbedingung des Integrierers muss so gewählt werden, dass $\omega_{R,0} = v_{R,0} / r_R$ ist, d.h. der Schlupf [λ] ist zu Beginn null ($v_{F,0} = v_{R,0}$). Durch die Multiplikation der Winkelgeschwindigkeit mit dem Reifenradius erhält man die Fahrzeuggeschwindigkeit [v_R]. Die Berechnung des Schlupfes [λ] erfolgt anschließend. Dieser dient als Eingangsgröße für den Funktionsblock *Fcn*. Der Reibkoeffizient [μ] ist der Blockausgang. Er wird mit der Normalkraft [F_N] und dem Reifenradius [r_R] multipliziert, was den Reibmoment [=Drehmoment M_R] im Latsch liefert. Um die Erhöhung der Normalkraft durch den Nickmoment zu berücksichtigen, wird für die Normalkraft $1{,}5 * m * g$ gewählt. Der Luftwiderstand [F_L] wird in der unteren Summationsstelle berücksichtigt. Diese Summationsstelle und der Block *Gain* liefern die Fahrzeugbeschleunigung [x'']. Die Geschwindigkeit des Fahrzeugs [v_F] erhält man durch die Integration im Block *Integrator* mit der Anfangsbedingung $v_{F,0}$. Der zurückgelegte Weg [x] ergibt sich durch die weitere Integration. Um in Formel 4 eine Division durch null zu vermeiden, wird die Simulation gestoppt, wenn die Fahrzeuggeschwindigkeit kleiner als 0,01 m/s ist.[39] Der Bremsmoment [M_B] wirkt an der linken Summationsstelle.

---

[38] In Anlehnung an Scherf (2010), S. 27.
[39] Vgl. Scherf (2010), S. 27f.

4 Operationalisierung und Simulation der Systemparameter

4.1 Festlegen der Untersuchungseinheiten

Nachdem das System und das Modell in den letzten Abschnitten theoretisch beschrieben und das Blockschaltbild erarbeitet worden ist, werden verschiedene Systemparameter variiert. Die graphische Darstellung der Ergebnisse der Simulationen werden als Funktion der Zeit dargestellt und die entsprechenden Schlussfolgerungen diskutiert. Für die gleiche Anfangsgeschwindigkeit des PKW ($v_{F,0} = v_0$) wird aus Gründen der besseren Übersicht die gleiche Farbe gewählt. Die Rad- und Fahrzeuggeschwindigkeit entsprechen der Anfangsgeschwindigkeit, bevor der Bremsvorgang einsetzt. Die Zuordnung der Farben zu den Anfangsgeschwindigkeiten erfolgt in Tabelle 1.

Tabelle 1 Variation der Anfangsgeschwindigkeit[40]

Anfangsgeschwindigkeit [km/h]	Anfangsgeschwindigkeit [m/s]	Farbe
30	8,3	grün
50	13,9	braun
80	22,2	Grau
100	27,8	magenta
130	36,1	blau
150	41,7	Rot

4.2 Durchführung der Simulation

4.2.1 Veränderung der Anfangsgeschwindigkeit

Die Abbildungen 7 und 8 resultieren aus den in Kapitel 3 definierten Systemparametern. Der Bremsmoment M_B ist mit 5 335 Nm definiert. Um bei einer Vollbremsung das Blockieren der Räder herbeizuführen, ist dieser Wert ausreichend groß. Zur Untersuchung des Einflusses der Anfangsgeschwindigkeit v_0 des PKW auf den Bremsvorgang, d.h. den Verlauf der Rad- und Fahrzeuggeschwindigkeit und dem entsprechenden Bremsweg, wird die Anfangsgeschwindigkeit v_0 variiert.

---

[40] Eigene Darstellung.

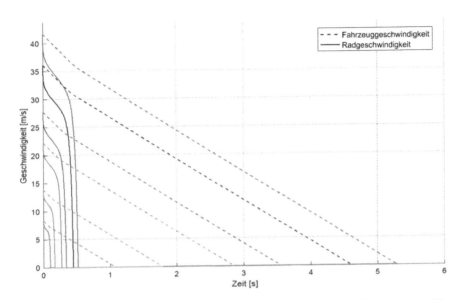

Abbildung 7 Vergleich der Rad- und der korrespondierenden Fahrzeuggeschwindigkeiten beim Bremsvorgang ohne ABS (Vollbremsung) mit unterschiedlichen Anfangsgeschwindigkeiten[41]

In Abbildung 7 sind die Radgeschwindigkeit v_R als durchgezogenen Linie und die dazugehörige Fahrzeuggeschwindigkeit v_F als gestrichelte Linie dargestellt. Die gleiche Farbe signalisiert jeweils eine identische Anfangsgeschwindigkeit v_0. Auf der vertikalen Achse ist die Höhe der Anfangsgeschwindigkeit zu sehen (es wird auf eine Beschriftung der einzelnen Funktionsverläufe aus Gründen der Übersichtlichkeit verzichtet). Betrachtet man die Radgeschwindigkeiten, so fällt auf, dass diese relativ schnell auf 0 m/s fallen. Der Schlupf erreicht den Wert 1 und die Räder blockieren.[42] Auf eine graphische Darstellung des Schlupfes wird verzichtet, da die automatische Optimierung des Schlupfes erst unter Zuhilfenahme eines technischen Regelsystems (z.B. ABS) erreicht werden kann. Wenn v_R den Wert Null annimmt, ist im korrespondierenden Funktionsgraphen der v_F ein Knick zu erkennen. Die negative Steigung wird geringer, was zeigt, dass sich das Fahrzeug mit blockierten Reifen weniger stark verzögert.

---

[41] Eigene Darstellung mithilfe von Simulink.
[42] Vgl. Formel 3.

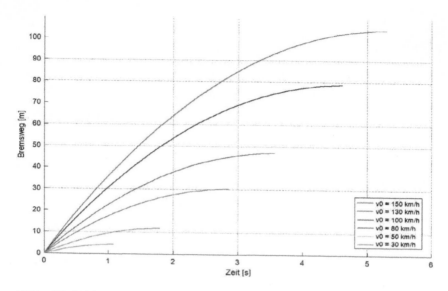

Abbildung 8 Vergleich der Bremswege ohne ABS (Vollbremsung) mit unterschiedlichen Anfangsgeschwindigkeiten[43]

Der Zusammenhang, dass eine höhere Anfangsgeschwindigkeit einen längeren Bremsweg ergibt wird in Abbildung 8 deutlich. An der horizontalen Achse können die unterschiedlich langen Zeiträume des Bremsvorgangs abgelesen werden. In nachfolgenden Kapiteln werden die Zahlenwerte genauer erörtert.

4.2.2 Veränderung der Fahrzeugmasse

Die Simulation des Einflusses einer höheren Fahrzeugmasse von 2 500 kg auf den Bremsvorgang ohne ABS erfolgt unter den in Kapitel 3 definierten Systemparametern (abgesehen von der Fahrzeugmasse und der Anfangsgeschwindigkeit). Um erneut ein Blockieren der Räder aufgrund einer Vollbremsung simulieren zu können, wird der Bremsmoment M_B erhöht. Dies ist notwendig, da durch die höhere Masse des Fahrzeugs ein größeres Drehmoment vorliegt (vgl. Formel 3). Die Anfangsgeschwindigkeit wird erneut stufenweise erhöht. Die Auswirkungen auf Rad-, Fahrzeuggeschwindigkeit und Bremsweg sind in Abbildung 9 und 10 abgebildet.

---

[43] Eigene Darstellung mithilfe von Simulink.

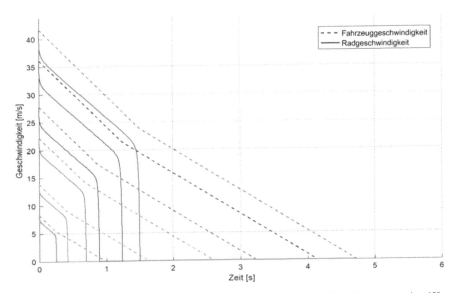

Abbildung 9 Vergleich der Rad- und korrespondierenden Fahrzeuggeschwindigkeiten beim Bremsvorgang ohne ABS (Vollbremsung) mit unterschiedlichen Anfangsgeschwindigkeiten[44]

Erstmals eine Bemerkung zur Entstehung nachfolgender Graphiken: Das Bremsmoment wurde anfänglich um den Faktor 5/3 analog der Masseerhöhung auf 8 892 Nm erhöht. Gegenüber den Abbildungen 7 und 8 waren jedoch keine nennenswerten Abweichungen zu erkennen. Das Bremsmoment wurde iterativ angepasst bis der kleinste, ganzzahlige Wert, bei dem das erstellte Simulink-BSB noch dazu führt, dass die Räder blockieren, gefunden wurde. Dieser Wert liegt bei 8 886 Nm. Die Ergebnisse und die Implikationen auf die Fahrsicherheit werden nachfolgend diskutiert.

Intuitiv kommt die Annahme auf, dass ein schwereres Auto zwangsläufig einen längeren Bremsweg aufweist. Ist das wahr?

Die Auswirkung von Abbildung 9 führt analog zu den Auswertungen von Abbildung 7 zu ähnlichen Wirkungsweisen – werden an dieser Stelle nicht wiederholt. Eine Auffälligkeit hingegen ist das deutlich spätere blockieren der Räder. Dabei verdreifacht sich die Dauer bis zum Stillstand der Räder. Folglich tritt der oben diskutierte Knick in den Verläufen der Fahrzeuggeschwindigkeit deutlich später ein. Da der PKW dadurch länger stärker verzögert wird, kommt er trotz höherer Masse schneller zum Stillstand. Die intuitive Annahme, dass ein schwereres Auto einen längeren Bremsweg aufweist,

---

44 Eigene Darstellung mithilfe von Simulink.

14

stimmt somit nicht. In Abbildung 10 ist die logische Folge zu erkennen. Die Bremswege haben sich im Vergleich zu Abbildung 8 jeweils verkürzt.

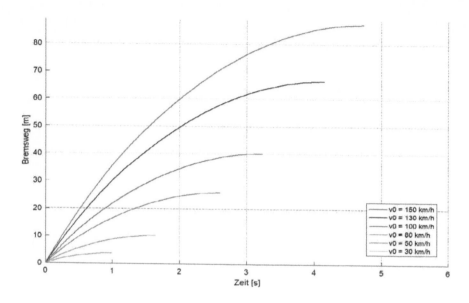

Abbildung 10 Vergleich der Bremswege ohne ABS (Vollbremsung) mit unterschiedlichen Anfangsgeschwindigkeiten[45]

Der Einwand, dass das höhere Bremsmoment zwangsläufig zu einem kürzeren Bremsweg führen muss, wird nachfolgend umfassend begründet. Die Variable ist für den Verlauf des Bremsweges nicht ausschlaggebend.

4.3 Diskussion der Ergebnisse

Die ermittelten Bremswege in Abhängigkeit von der Anfangsgeschwindigkeit, der Fahrzeugmasse und dem Bremsmoment sind in Tabelle 2 dargestellt. Zudem wurde die korrespondierende kinetische Energie angegeben. Die kinetische Energie setzt sich aus dem Produkt seiner Masse und Geschwindigkeit zusammen (Formel 7). Die kinetische Energie wohnt dem fahrenden Fahrzeug inne.

Formel 7 Berechnung der kinetischen Energie[46]

$$E_{kin} = 0,5 * m * v^2$$

---

[45] Eigene Darstellung mithilfe von Simulink.
[46] Vgl. Hebborn/Littlewood (2000), S. 65.

Tabelle 2 Bremsweg und kinetische Energie des Fahrzeugs in Abhängigkeit von Masse und Anfangsgeschwindigkeit[47]

Anfangsgeschwindigkeit v_0		m = 1 500 kg; M_B = 5 335 Nm		m = 2 500 kg; M_B = 8 886 Nm	
[km/h]	[m/s]	Bremsweg [m]	Energie [kJ]	Bremsweg [m]	Energie [kJ]
30	8,3	4,3	52,1	3,7	86,8
50	13,9	11,9	144,7	10,2	241,1
80	22,2	30,2	370,4	26,0	617,3
100	27,8	47,0	578,7	40,2	964,5
130	36,1	78,8	978,0	66,6	1 630,0
150	41,7	104,7	1 302,1	87,3	2 170,1

Der Bremsweg hängt quadratisch von der Anfangsgeschwindigkeit ab, als direkte Folge der kinetischen Energie. Der quadratische Wirkungszusammenhang gilt unabhängig von der Fahrzeugmasse. An dieser Stelle wird kurz angemerkt – jedoch nicht weiter ausgeführt –, dass das Verhältnis des Bremsweges zur kinetischen Energie für eine identische Masse und identisches Bremsmoment jeweils konstant erscheint.

Die entscheidende Schlussfolgerung resultiert aus Abbildung 9. Das Bremsmoment wurde ggü. der ursprünglichen Erhöhung um 5/3 variiert und somit um minimale 6 Nm reduziert. Dies führt zwar erneut dazu, dass die Räder beim Bremsvorgang ohne ABS blockieren, die Dauer bis der Schlupf den Wert 1 erreicht verdreifacht sich jedoch. Der Bremsweg hat sich, wie in Abbildung 10 erkennbar und oben beschrieben, reduziert. Die durchschnittliche Reduktion liegt bei ca. 15 Prozent (Vergleich der Zahlenwerte in Tabelle 2). Dieser Vorteil ergibt sich durch die Tatsache, dass das Fahrzeug länger stärker verzögert wird ehe die Radgeschwindigkeit Null ist, aufgrund der nicht blockierenden Räder.

Diese Erkenntnis ist ein klares Indiz dafür, dass blockierende Räder beim Bremsvorgang des Fahrzeugs unbedingt vermieden werden müssen. Wie durch die Simulation gezeigt, hat eine bereits minimal kleinere Bremskraft große positive Auswirkungen auf den Bremsvorgang.

---

[47] Eigene Darstellung.

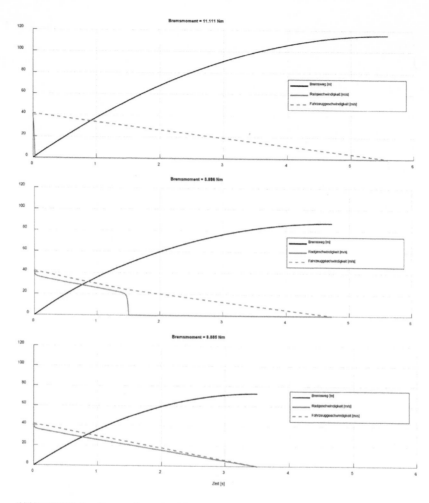

Abbildung 11 Verlauf von Bremsvorgängen ohne ABS mit unterschiedlich starkem Bremsmoment bei je identischer Masse und Anfangsgeschwindigkeit[48]

In Abbildung 11 sind der Bremsweg, die Rad- und Fahrzeuggeschwindigkeit für ein sehr schnelles und schweres Auto dargestellt. Die Anfangsgeschwindigkeit liegt bei v_0 = 150 km/h und die Fahrzeugmasse liegt bei m = 2 500 kg. Zudem wird ein sehr hohes Bremsmoment im oberen Drittel der Graphik verwendet, um die Auswirkungen sofort blockierender Räder darzustellen. Bereits oben verwendete Werte werden mittig abgebildet und im unteren Drittel wird ein minimal reduziertes Bremsmoment verwendet. Bei dem minimal reduzierten Bremsmoment ist gemäß dem vorliegenden BSB die direkte

---

[48] Eigene Darstellung mithilfe von Simulink.

Folge, dass die Räder beim Bremsvorgang nicht blockieren. In dieser Abbildung wird der Vorteil nicht blockierender Räder graphisch gezeigt und der Gedankengang „viel hilft nicht immer viel" bezogen auf den Bremsvorgang weitergeführt. Der Bremsvorgang mit sofort blockierenden Rädern, d.h. der Bremsvorgang mit dem größten Bremsmoment schneidet am schlechtesten ab. Eine weitere Beschreibung dieses Vorgangs erfolgt nicht.

Das Bremsmoment mit 8 885 Nm hat den größten Vorteil. Der Schlupf λ erreicht den Wert 12,8 %, wobei der höchste Reibungskoeffizient genau bei diesem Wert erreicht wird und so das Fahrzeug optimal verzögert wird[49]. Im Vergleich zum mittleren Bremsvorgang wird das Fahrzeug um etwa 1,2 s effizienter und mit einem ca. 15 m kürzerem Bremsweg abgebremst. Dieser Vergleich beweist obige Anmerkung. Nicht das Bremsmoment, sondern der Schlupf ist die entscheidende Variable für den Bremsvorgang. Für die Fahrsicherheit haben nicht blockierende Räder zudem folgende aufgezählte Vorteile:

- Fahrzeug bleibt weiterhin lenkbar und der Fahrer behält die Kontrolle über das Fahrzeug
- Hindernisse können umfahren werden bzw. das Fahrzeug bleibt auch in der Kurve stabil und lenkbar
- Kleinerer Verschleiß am Reifen, da sich die Abnutzung am kompletten Reifenumfang verteilt und nicht nur an einer Stelle[50]

Die Reaktionszeit eines Menschen auf ein überraschendes Ereignis beschreibt die umgangssprachliche „Schrecksekunde". Unterstellt sei, dass die Reaktionszeit im Straßenverkehr tatsächlich eine Sekunde beträgt[51]. Springt ein Kind einem Autofahrer bei Tempo 30 oder Tempo 50 vor das Auto, so macht dies einen gewaltigen Unterschied. Bei Tempo 30 beträgt die zurückgelegte Strecke in der Schrecksekunde ca. 8,3 m. Zzgl. Dem Bremsweg von 4,3 m ergibt sich eine Summe von 12,6 m. Analog ergibt sich bei Tempo 50 eine Summe von 25,8 m.[52] Es kommt zu einer Verdopplung der zurückgelegten Strecke bis zum Stillstand. Ein genaueres Eingehen auf die tatsächlich wirkenden Kräfte beim evtl. Zusammenprall erfolgt nicht. Logischerweise dürften diese jedoch bei schnelleren Autos deutlich größer sein.

Kommt es auf der Autobahn zu einem Unfallereignis, so spielt weniger der gesamte Bremsweg eine Rolle, sondern die vorhandene kinetische Energie, welche in Verformungsenergie umgewandelt wird. Die Masse wirkt direkt proportional auf die kinetische Energie. Die größte Gefahrenquelle stellt jedoch die überhöhte Geschwindigkeit dar, aufgrund des quadratischen Einflusses der Geschwindigkeit.

---

[49] Vgl. Scherf (2010), S. 26.
[50] Vgl. Reif (2010), S. 84ff. und MitschkeWallentowitz (2014), S. 237ff.
[51] Vgl. Grubmann (1999), S. 338.
[52] Vgl. Zahlenwerte aus Tabelle 2.

5 Schluss

Die Simulationen mittels Simulink, basierend auf theoretischen Herleitungen des 3. Kapitels, führen zu relativ eindeutigen Ergebnissen. Die intuitive Vermutung, dass eine höhere Masse und/oder Geschwindigkeit zwangsläufig zu einem längeren Bremsweg führen muss, wurde widerlegt. Wichtig ist, dass die Verzögerungsbewegung des Fahrzeuges optimal ausgeführt wird. Dies wird durch einen optimalen Wert des Reibungskoeffizienten erreicht. Dieser Koeffizient ist vom Schlupf, dem Verhältnis zwischen Fahrzeug- und Radgeschwindigkeit abhängig. Stehen dem Fahrer keine technischen Hilfsmittel zur Verfügung, muss manuelle eine größtmögliche Bremskraft erwirkt werden. Die Bremskraft muss jedoch klein genug sein, dass die Räder nicht blockieren. Auswirkungen durch erhitzte Bremsen wurden nicht berücksichtigt, weshalb auf diese Einschränkung hingewiesen wird. Der Reibungskoeffizient wurde für eine trockene Asphaltstraße definiert. Auf einer Schotterstraße blockierende Reifen können jedoch u.U. sich vorteilhaft auswirken. Zudem wurde zur Vereinfachung im Assignment nur ein Reifen des PKWs berücksichtigt, wohingegen beim realen Bremsvorgang eines Fahrzeugs vier Reifen beteiligt sind und diese u.U. vier verschiedene Bremsverläufe aufzeigen können. Diese Punkte eignen sich als Ansatz für weitere wissenschaftliche Untersuchungen.

Im Rahmen der Aufgabenstellung konnten essenzielle Ergebnisse aus den simulierten Bremsvorgängen für die Fahrsicherheit identifiziert werden. Moderne Fahrzeuge, die leistungsfähiger und schwerer geworden sind, müssen mittels mechanischer und technischer Unterstützung optimal abgebremst werden. Hierbei spielen leistungsfähige Bremsen und intelligente Blockierverhinderer wie ein ABS eine wichtige Rolle. Am wichtigsten ist trotz aller unterstützender Komponenten eine vernünftige an den Umständen angepasste Fahrweise mit angemessenen Geschwindigkeiten.

VII   Literaturverzeichnis

Bossel, H. (2004): „Modellbildung, Analyse und Simulation komplexer Systeme", Norderstedt: Books on Demand GmbH.

Breuer, B./Bill, K. (2003): „Bremsenhandbuch", Wiesbaden: Springer Vieweg.

Breuer, B./Bill, K. (2004): „Bremsenhandbuch", 2. Auflage, Wiesbaden: Springer Vieweg.

Ebel, G./Hofer, M. (Hrsg.)(2014): „Automotive Management – Strategie und Marketing in der Automobilwirtschaft", 2. Auflage, Springer Verlag.

Grubmann, M. (1999): „Kraftfahrrecht Band 1", Verlag Österreich.

Hebborn, J./Littlewood, J. (2000): „Mechanics 2", Heinemann Verlag.

Kowalk, W. (1996): „System, Modell, Programm", Berlin: Spektrum Akademischer Verlag.

Mitschke, M./Wallentowitz, H. (2014): „Dynamik der Kraftfahrzeuge", Wiesbaden: Springer Vieweg.

Prell, J. (2014): „Über Wirklichkeiten, die uns die Natur verbirgt", o.V.

Reif, K. (Hrsg.)(2010): „Bremsen und Bremsregelsysteme", Wiesbaden: Vieweg und Teubner Verlag

Scherf, H. (2010): „Modellbildung und Simulation dynamischer Systeme", 4. Auflage, München: Oldenbourg Verlag.

Tichy, M. (o.J.): „Systemanalyse – Vorgehensmodelle in der Systemanalyse", Stuttgart: AKAD Bildungsgesellschaft mbH.

Verein Deutscher Ingenieure (2016): „VDI-Richtlinie 3633 – Simulation von Logistik-, Materialfluss- und Produktionssystemen".

Wallentowitz, H./Reif, K. (Hrsg.)(2011): „Handbuch Kraftfahrzeugelektronik", 2. Auflage, Vieweg & Teubner Verlag.

VIII Internetverweise

ADAC (2019): „Tempolimit auf Autobahnen", online im Internet, https://www.adac.de/verkehr/positionen/tempolimit-autobahn-deutschland/, abgerufen am 20.10.2019.

Autobild (2012): „Zeit zum Abspecken!", online im Internet, https://www.autobild.de/artikel/fahrzeuggewicht-frueher-und-heute-1268731.html, abgerufen am 01.10.2019.

BG Verkehr (2019): „Sicheres Fahren", online im Internet, https://www.bg-verkehr.de/arbeitssicherheit-gesundheit/branchen/gueterkraftverkehr/rund-ums-fahren/sicheres-fahren, abgerufen am 01.10.2019.

Deutscher Verkehrssicherheitsrat (2015): „Neue Fahrerassistenzsysteme machen das Fahren immer sicherer?", Pressemitteilung, online im Internet, https://bester-beifahrer.de/pressemitteilungen/neue-fahrerassistenzsysteme-machen-das-fahren-immer-sicherer/, abgerufen am 07.10.2019.

Statistisches Bundesamt (o.J.): „Weniger Verkehrstote in Deutschland", online im Internet, https://infographic.statista.com/normal/infografik_5973_verkehrstote_in_deutschland_n.jpg, abgerufen am 07.10.2019.

Statistisches Bundesamt, Wiesbaden (o.J.): „Weniger Verkehrstote", online im Internet, https://www.wissen.de/weniger-verkehrstote, abgerufen am 10.10.2019.

Verband der Automobilindustrie (o.J.): „Verkehr", online im Internet, https://www.vda.de/de/themen/wirtschaftspolitik-und-infrastruktur/verkehr/personenverkehr.html, abgerufen am 15.10.2019.